豊田温資

氣の教科書

10年後も勝ち抜くために

はじめに
「氣を感じる」ことが求められる時代へ

2019年、新たな「令和」という時代が始まりました。

そして、2020年という新たな年が幕を開け、今後どのような未来が広がっていくのだろうと、期待や不安など、それぞれの思いがあると思います。

私は、長らく投資に関わってきました。

そのため、世界経済が今後どのようになっていくのかという質問をよくいただきます。

ここで、私が感じていることを、率直にお伝えしたいと思います。

2020年以降は、あらゆることが悪化し、低迷していく傾向が強くなっていくでしょう。ここから、経済の状況は大きく変化していきます。テクノロジーの進化が後押しとなり、十数年後には今ある仕事の約半分が消滅すると言っている識者もおり、現在働いている10人のうち1人しか働けない時代が来ることが予測されています。これは、皆さんを不安にさせようと思って言っているのではありません。仕事がなくなることは、確かに不安です。しかし、今からそのことを理解し、正しい行動を意識することで回避することだって可能です。では、そうならないために、私たちは何をすればいいのでしょうか。

それは、学ぶこと。
そして、感じる力を鍛えることです。

できる仕事の数が減ってしまうことは、不安なことです。しかし、仕事が少なくなる分、今後は感性が必要となるクリエイティブな能力が求められるかもしれません。変化するのは、仕事の内容だけではありません。目の前で起こる出来事一つひとつに対して、いかに対応していくか。今後は、物事の本質を感じ取り、しっかり判断していく力が必要になっていくのです。

投資を成功させるには、経済や政治、社会の状況を把握しておくことはもちろんですが、世の中にある本質の部分を知っておくことも重要です。私には、尊敬する師から風水を学び、さらに20年以上師と共に学びながら築き上げてきた「風水氣学《ふうすいきがく》」があります。風水には、２０００～３０００の流派があるといわれていますが、本書で皆さんにお伝えする風水氣学には、そのさまざまな流派での教えの中から、私が実際に試し、使えると思ったものだけを組み込んでいます。その中に、占星術《せんせいじゅつ》・四柱推命《しちゅうすいめい》・易経《えききょう》・陰陽道《おんみょうどう》・人相《にんそう》・手《て》相《そう》・数理《すうり》・方位学《ほういがく》・日本家相《にほんかそう》・氣学《きがく》・陰陽五行説《いんようごぎょうせつ》などの占術の考え方も組み込み、さらに皆さんが日常生活で活用できるよう、経済・政治・地形図・マーケティング・氣象などの知識や性質を加えた、師と私で築き上げてきた独自の理論です。

風水氣学を学び、氣を感じ、氣を使えるようになるためには、「巒頭《らんとう》・理氣《りき》」を基本として行います。巒頭は「実践」、理氣は「理論」のことです。

本書では、理論を学ぶ前に、「氣を感じる力」を養うための「巒頭」を、日常生活の中で実践できることを中心にお伝えしていきながら、氣とは何か、氣を使うにはどのような考え方が大切になるのかを、学んでいただけたらと思っています。

目次

第2章　氣を感じる体をつくる　35

第3章　氣を感じる場所　63

題字　細川建翠
カバーデザイン　三瓶可南子
校正　麦秋アートセンター
本文仮名書体　文麗仮名（キャップス）

第1章

氣について

氣

「氣」という字は、「米」と「气」からなる。
ここに、氣の要素がすべて入っている。

「氣」という字の中には、「米」という字が入っています。

この「米」という字を構成しているのは、「人」「二」「光」「小」「火」「水」「大」「木」「十」という９つの字であり、９つのエネルギーを合わせたものが氣であることを表しています。

「米」という字の中心には、「人」がいます。

つまり、「氣」という字は、氣は「人」から生まれるものだということを教えてくれているのです。

氣のエネルギー

「氣」とは、
地球上に存在するエネルギーの総称である。

「氣」とは、
土地の持つエネルギー、
人間の持つエネルギー、
空間の持つエネルギー、
その他、地球上に存在するあらゆるものが持つエネルギーのことを指します。
「エネルギー」といえば、宇宙から降り注ぐエネルギーと混同してしまいがちです。
私が教える「氣」については、地球に存在するエネルギーの総称であると考えてください。

氣づき

「氣づき」とは、「氣」を持つことである。

「氣づき」とは、「氣」を持つことで、物事の良し悪しを選別する能力を持つことです。
つまり、氣づけるか氣づけないかで運命は大きく変わるということです。

判断力を鍛えるためには、氣の感覚を感じ取るために脳を使うこと。
しかし、人間の脳のほとんどは、実は使われていません。

普段、脳の使われていない部分をいかに使えるようになるか。そのために普段から氣を感じ、さまざまなことに氣づいていく力を持つことが重要です。

氣配

「氣配を感じる」というのは、
先を見通す力を持つことである。

「氣配」を感じることができるようになれば、物事を選別する能力が育ち、先を見通す力を持つことができます。すると、勝負をしても失敗することが少なくなり、成功へとつながっていきます。

氣配を感じる力をつけてください。

そのためには、たくさんの経験を積むこと。そして、勉強して学ぶこと。経験と学びを積み重ねることが、より良く生きるための力になっていくのです。

氣の流れ

「氣」は、流れてはじめて良い氣になる。

「氣」には流れがあります。その流れを止めてしまうと、氣が溜《た》まってしまいます。氣が溜まり過ぎることは、良くありません。たとえ、それが良い氣であっても溜め過ぎず、流れをつくることが大切です。

水で考えてみてください。水を溜め過ぎると、大きな水たまりができてしまいます。水たまりの水は、放っておくと腐ります。それと同じことが、あなたの体の中で起こるのです。

氣は、川のように流れて、はじめて良い氣をつくるのです。

祐氣《ゆうき》

プラスエネルギーのことを、「祐氣」という。

プラスエネルギーのことを「祐氣」といいます。

祐氣とは良いエネルギーのことであり、この氣をたくさん取り入れることが、自分のエネルギーを高めることになります。

プラスのエネルギーは、生命力を高め、活動力を盛んにし、運命を好転させる強さを与えてくれます。

プラスエネルギーを取り入れたいなら、氣を感じ取る力を磨くこと。そして、良いエネルギーが満ちている場所に、足を運んでください。良いエネルギーに触れ、その感覚を覚えておくことで、どんどんプラスエネルギーを取り入れていきましょう。

尅《こっ》氣《き》

マイナスエネルギーのことを、「尅氣」という。

祐氣とは逆で、マイナスエネルギーのことを「尅氣」といいます。

日常生活をより良く生きるためには、この尅氣をいかに避けて生きるかが重要です。

マイナスエネルギーである尅氣を遮断するためには、嫌な感覚を持つ場所からは、できるだけ早く離れることです。

そして、良いエネルギーだけでなく、自分があまり良いと感じない悪いエネルギーの感覚も経験しておくことです。尅氣を受けてしまったときは、自分を浄化すること。浄化には、音を鳴らすことが有効で、手を打つ音で邪氣を祓《はら》う柏手もその一つです。

また、人にマイナスのエネルギーを与えないことも重要です。誰かに与えたものは、間違いなく自分に返ってくることを覚えておきましょう。

氣のコントロール

氣を整えて、運命を切り拓こう。

氣をコントロールすることは、自らの運命を切り拓くことです。

同じ母親から、同じ日に生まれた双子であっても、同じ運命を生きることはありません。身体のすべてが同じであっても、自らが運命を決め、自らが希望した人生をそれぞれ生きていくのです。

つまり、氣をコントロールできる人は、人生をもコントロールできる人であるということです。

氣には、いろいろな情報が入っています。そのため、氣を受け取ることで意識が変わり、アイデアも生まれます。氣が安定していれば、良いものを引き出せるようになるので、自分の中にある氣はどんどん使い、新しい氣を取り込んでいきましょう。これが、氣をコントロールすることになります。

氣の相性

基本的に、
氣に「合う」「合わない」の考え方はない。

氣には、基本的に「合う」「合わない」という概念はありません。

風水では五行の考え方があり、「木」「火」「土」「金」「水」で相性を、氣学では九氣による相性を見ます。

しかし、相性ですべてがうまくいくわけではないので、それだけで判断することはできません。

同じ特性を持つ者同士であれば、良いときも悪いときも同じなので「相性が良い」と判断できます。しかし、良いときは一緒に上昇できるので問題なくても、悪いときはどちらも悪いので相手を支えることができなくなります。つまり、相反《あいはん》する相性を持つ2人のほうが、支え合い、切磋琢磨しながら上昇していける可能性が高いと考えられるのです。

氣の感じ方

氣を感じる力は、訓練でしか得られない。

氣は、目では確認しにくいものです。氣を確認するためには、氣を感じる力が必要になりますが、そこにマニュアルはありません。

氣の感じ方は、人それぞれ。

温かさを感じる人もいれば、冷たいピリッとした空氣を感じる人、ピリピリと手の先にしびれを感じる人もいるようです。氣を感じるためには、何度も氣のある場所に足を運び、自分がどのように感じるのかを知る訓練が必要です。

氣は、らせん状に上昇していきます。自分の体にらせん状に入っていくところをイメージすると、感じやすくなるかもしれません。

氣の入れ方

氣を入れたいなら、氣を出すこと。

「どうやったら、自分に氣を入れることができますか？」という質問を受けます。

氣を入れたいのであれば、氣を使って出すこと。氣を出すことで、新しい氣を入れる容量ができるからです。

自分のためだけに氣を使っていては、なかなか使い切ることができません。そこで、誰かのために氣を使わせていただくことも大事です。社会に貢献することは、氣をコントロールすることにもつながります。氣を使ったからといって、もったいないということはありません。溜めるよりも、どんどん出したほうがいいのです。

例えば、水を張ったプールにたった一滴のヘドロが入っただけで、プール全体の水は汚れたものになってしまいます。しかし、ここにきれいな水を流し続けていれば良い状態を維持できます。つまり、悪い氣を消すためには、新しい良い氣をどんどん入れて、良い氣で体を満たしてしまうのです。それを繰り返すことで、自然に悪い氣は排除できるようになっていくでしょう。

第2章

氣を感じる体をつくる

病氣

病氣とは、「氣が病む」ということである。

病氣になることは、氣が病んでいる状態のことをいいます。つまり、体の中にある氣が弱まっているということであり、氣のバランスが乱れていることを表します。

健康とは、毎日を快適に過ごすこと。体の中にある氣のバランスが乱れることで痛みや苦しみなどの不快な状態になる根源を生み出します。快適に生活を送るためには、氣のバランスを整えることが重要で、そのためには氣に関する正しい知識と感覚が必要です。

氣を整えるためには、体を温めて代謝を上げることが重要です。そして、しっかりと睡眠をとり、バランスを意識した食事や、脳をトレーニングしたりするのも効果的です。

私は、氣功で治療も行います。ですから、人の氣を感じられなければ治療はできません。しかし、氣を整えるだけで病氣を治そうと思うことは、実はとても危険なことです。

現代は医療も発達し、さまざまな治療法があります。その中から、自分の体に合ったものを選別すること。そのためにも、日頃から感覚を鍛えることが重要なのです。

足浴《そくよく》

足浴は体を温めて代謝を高め、感覚も養う。

健康な体を目指すなら、体を温めて代謝を高めることが重要です。その効果的な方法として、私は「足浴」を勧めています。

足浴は、簡単で毎日続けられる方法です。できれば朝と夜、毎日やってみてください。まずは、片足を7分。その後に逆の足を7分。最後に両足を7分、お湯の中で温めるだけです。自分の判断でいいので、良いと思うほうの足から温めてください。そして、逆の足を入れたときの感覚との違いを感じます。これを毎日続けることで、代謝が高まるだけでなく、感じる力も高まっていくでしょう。

自分で経験して、感じる力を養う。これが、感覚を磨くということです。

薬と食品

口にするものは、種類よりも味と環境。

食事をすることは、氣を高めるためにとても大切なことです。

近年は健康食品ブームでもあり、氣を高める食事について質問を受けることも多くなりました。私は、何を食べるかよりも、美味しいと思うものを良い環境の中で食べることが、自分自身の氣を高めることにつながると思っています。もし、何を食べたらいいのかと悩むのであれば、まずは自然に近いものを食べることを意識してみてください。そして、バランスのとれた食事を心がけましょう。栄養はもちろん、体に良いと思うもの、自分が美味しいと思うものなど、いろいろな味と食感を体験してみることです。その経験が、あなたの氣を高めてくれる食品を見極める力になるはずです。

サプリメントで栄養を補おうと考えている人は、注意してください。サプリメントの中には、自分の体に合わず、マイナスの効果を発揮するものもあります。それは、薬も同じです。かかりつけの医師や薬剤師の注意を聞いて服用しながら、自分の感覚も大事にしてください。

脳

脳は、体の中のあらゆる病氣を治そうとする。

私たちが、日頃から使っている脳は、ほんの一部分であり、まだまだ使われていない部分があります。私たちは氣づいていませんが、その使われていない脳の部分も潜在意識レベルで働いていてくれていて、私たちの体を守ってくれているのです。

脳は、私たちの体の中にある病氣を見つけ、治そうとしてくれます。ですから、病氣を治したいのであれば、まずは脳を活性化させること。脳の使っていない部分を目覚めさせることで、病氣回復の近道になるはずです。

私が行っている「脳功《のうこう》」とは、脳に氣を収めて整えることで、氣のバランスを調整します。脳機能を改善させることで、健康促進だけでなく、集中力や生産性の向上、思考の変化にも影響を与え、体全体の氣のバランスを整えていきます。

姿勢

氣を送るなら複式呼吸、
その基本は姿勢である。

私が、氣功による治療や脳を活性化する「脳功」を行うとき、呼吸が重要になります。相手に氣を送るときは、必ず複式呼吸を行うこと。これができていなければ、氣を送った瞬間に、患者さんから悪い氣を受けてしまうことがあります。

このことを理解せずに氣功の治療をしている人は、体のどこかに影響を受けている場合が多いです。

氣をコントロールするなら複式呼吸をすること。複式呼吸は正しい姿勢で行うので、姿勢は基本になります。正しい姿勢をするためには自分の体のことを知り、上手に使えるようになりましょう。

肌

肌は、健康状態と氣の状態を表すものである。

肌には、健康状態だけでなく、氣の状態の良し悪しが表れます。

健康状態が良くなければ、肌が荒れたりできものができたりします。それと同じように、悪い氣を持っていれば、肌の状態も悪くなります。

朝、自分の顔を鏡で見たとき、または相手の顔を見たときに「血色が良い」と感じることができれば、それは氣の状態が良いということ。その人の体の中にある氣のバランスが整っているということです。その場合、体や心の状態が良いだけではなく、その人自身の氣も満ちているときなので、肌は健康の状態を判断する基準としても使えます。

バランス

氣の良し悪しは、すべてバランスで決まる。

バランスとは、「均衡《きんこう》」という意味です。

氣のバランスが乱れると病氣になり、氣の良し悪しはすべてバランスを保てるかどうかが鍵となります。

体や場所、性格や行動など、人に関わることはすべて氣のバランスで決まります。バランスがとれていれば、人間の中にある潜在意識が整い、健やかでストレスのない生活が送れるようになります。

何をするときでも、まずはバランスを意識してください。それができれば、失敗することはほとんどありません。

違和感

違和感を持つことは、感覚を磨くこと。

違和感を持ったとき、決してその違和感から目を背けないでください。
どんなことに違和感を持つのかを知ることで、あなたの感覚が磨かれていくからです。

普段から、その違和感を大切にしてください。

いつも右足から上る階段を、左足から上ったときの違和感。
いつも右回りにつけているベルトを、左回りにつけたときの違和感。

違和感は、判断力を高めてリスクを回避する力を養うだけでなく、新たな可能性を広げるアイデアも与えてくれます。

氣の入り口

氣は、眉間《みけん》の位置から体の中に入ります。

氣は、両眉の間にある眉間の位置から入ります。

氣を感じたいとき、氣を体から入れたり出したりするときに、手の平を使う人がいます。それも、間違いではありません。そのほうが、イメージしやすいからです。しかし、脳にその感覚を届けることができれば、最終的には手を使わなくても、自然に氣を体に取り入れることができるようになります。

神座《かみくら》

神座を活用すれば、
氣を体に留めることができる。

神社やお寺を参拝するとき、氣を感じやすくする方法の一つとして、私は神座を勧めています。神座をするということは、脳に結界を張るということ。神座をすることで、体の中に氣が溜まりやすくなり、氣の効果を感じやすいのです。

用意するのは、1本の紐《ひも》だけです。その紐を眉の上あたりに当てて巻き、頭の後ろで結びます。紐がなければ、鉢巻《はちまき》やバンダナなどの布類でも問題ありません。こうすることで、体の中に入った氣が頭のあたりに留《とど》まり、全身に氣を回りやすくしています。

前

横

氣の確認

自分の体を使って、氣を確認する方法がある。

氣を体の中に取り入れることができれば、その氣の良し悪しを、自分の体を使って確認することができるようになります。さまざまな方法があると思いますが、私は一番わかりやすい方法として「Oリング」を勧めています。

Oリングとは、筋肉反射を使ったテスト方法。

まずは、指で「O」の輪をつくります。利き手の親指と人差し指を使って「OK」のジェスチャーのような輪をつくるのが一般的ですが、自分が一番力を入れやすい方法でやってください。体の中に良い氣が入っていれば、体にしっかりと力が入るため、その輪が開きにくくなります。これによって、病氣の有無をはじめ、体の状態を確認することができるのです。簡単な方法は2人1組となり、良い氣があると思う場所に意識を集中します。そして、相手に指でつくっている輪を両手で開こうとしてもらってください。もし、力が入って指が開かなければ良い氣が体の中に巡っているということ。簡単に開いてしまうようであれば、そこに氣が存在しないか、悪い氣があるということです。

このテストを繰り返すことで体の感覚を摑《つか》み、Oリングをしなくても氣の状態を確認できるようになるはずです。

また、Oリングのほかにも、振り子の原理を活用したペンデュラムを使った、ダウジングを用いたテストも行います。

「Oリングのテスト方法」

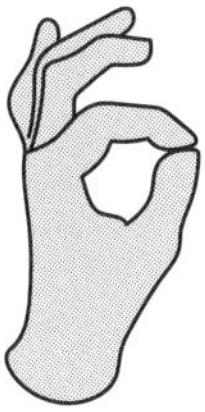

①利き手の人差し指と親指で、
輪をつくり力を入れる。

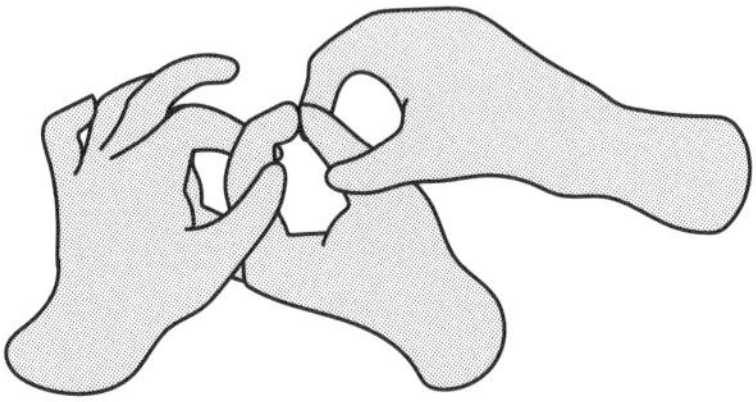

②もう一人が両手で輪をつくり、
左右から引っ張る。

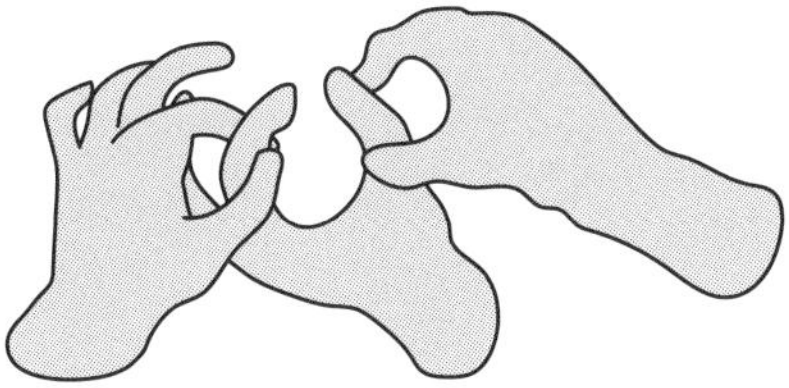

③指が開けば、
氣が入っていない状態。

ＤＮＡ

氣によって、ＤＮＡのスイッチが入る。

人間の中にあるＤＮＡの98％は、ゴミであるといわれてきました。

それは、人間の体の中にあるＤＮＡのほとんどが眠っていて、使われていないからです。

裏を返せば、眠っていない２％のＤＮＡが、自分自身を決定しているということです。

氣をコントロールすることができれば、あなたの中に眠っているＤＮＡにスイッチを入れることができるようになります。

ＤＮＡのスイッチが入れば、人生の可能性はどんどん広がっていくでしょう。

第3章

氣を感じる場所

パワースポット

パワースポットとは、
氣のバランスが整った場所。

近年、たくさんの人が「パワースポット」に注目し、良い氣を得たいと足を運ぶようになりました。氣を取り入れることで健康を手に入れ、さらに金運、恋愛運など運氣を高めたいと願う人が増え、一時期よりは見えない力の存在を信じている人が増えたのかもしれません。

もし、あなたがどこかのパワースポットに行き、その効果を感じていないのであれば、そこはパワースポットではありません。金運を高めようと足を運び、儲《もう》かっていなければ、その場所に良い氣はなかったということです。それくらい、氣は的確に効果を与えてくれるものなのです。

パワースポットとは、単純に氣がある場所を指しているのではありません。元々、パワースポットとは、バランスの整った氣が満ち溢《あふ》れている場所のことです。そして、その場所はピンポイントにあることが多く、その場所を見つけることが重要です。

人

氣は、人から生まれる。

氣の中にある米という字の中には、「人」という文字が入っています。

氣の中心には、いつも人がいます。

氣は、人から生まれます。人と人が出会うだけで氣は生まれ、言葉を発するだけでも、氣が高まります。たくさん人が集ると、活氣に満ち溢れるのはそのためで、人の集まる場所そのものに氣があると勘違いしてしまうこともあります。

人を大切にすることが、自らの氣を高めることになります。自分以外の人に親切にする、愛情を持った行動をとることこそ、氣を高めるためのアクションになります。

木

木には、氣と氣をつなぐ役目がある。

木には、氣が宿ります。つまり、木が生えているところに氣は存在しています。

氣の中にある米という字の中には、「木」という字も存在しています。

木は氣を宿し、その氣をつないでいくことができるのです。

昔から風水では、氣を特定の場所に運ぶために木を活用していました。東海道や甲州街道でつくられた並木道は、江戸に向けて氣を流すことで、人や物を西から東に送りやすくするためにつくられたものです。

氣のある家にしたいなら、庭には木があったほうがいいでしょう。しかし、屋根より高い木は、バランスを崩してしまうので注意が必要です。

山

氣は、山の限られた部分にしか存在しない。

氣は、山から流れてきます。
しかし、山全体に氣があるわけではありません。山の限られた部分にしか氣は存在せず、氣があるのは木が生えている場所です。

山の頂上に、氣はありません。氣は、山の中腹より下に存在します。
その証拠に、山の頂上には木が生えていません。
空氣が薄い場所にも、氣はありません。

山の中腹には、氣が溢れ出ている場所があります。
そこから木を伝って、氣が山のふもとへと流れていくのです。

水

水の氣は、
その水がどこを流れているかが重要である。

水が湧《わ》いている場所には、氣が溢れています。

しかし、水そのものに氣が宿っているというよりは、その水がどこを流れているかのほうが重要です。氣のある場所を流れている水には良い氣が入り、そのまま流れてくるのです。その水を活用したのが、神社です。神社は、基本的には良い水の出る場所につくられています。


水には、氣を入れることができます。

コップなど容器に入った水に氣を入れることもでき、良い氣の入った水を飲んでみると、その味の違いを感じていただけるはずです。良い氣が入ったことで、人の体に影響を及ぼす悪いものが排除されるからです。

石

石に宿る氣は、木よりも弱い。

氣を得るために、天然石のブレスレットやアクセサリーを身につける人がいますが、石にも氣は宿ります。しかし、石に宿る氣は、そこまで強いものではありません。

石は割れてしまうことがありますが、寿命はありません。しかし、木には寿命があり、枯れたり腐ったりしてしまいます。これは、石よりも木のほうがはるかに氣が高いことを表していて、氣が生きているからこそ、木には寿命があるのです。

よく、家に石庭をつくる人がいますが、庭を石だけにするのはお勧めできません。石や木や水をバランスよく利用して、その土地の氣の流れを活用できる庭をつくることが大切です。

龍穴《りゅうけつ》

龍穴とは、地球にある氣の出口である。

龍穴とは、地中に流れる氣が噴き出す場所のことです。

地球の氣は、この龍穴を使って地上に出てきます。大きさはさまざまですが、その多くはとても小さく、とてもピンポイントな場所にあります。

氣の出方もいろいろあって、龍穴から氣が勢いよく噴き出しているものもあれば、ゆっくりと流れるように湧き出ているものもあります。

先人たちは、この龍穴を探しあて、さまざまな自然の力を利用して、バランスの整った氣が満ち溢れているパワースポットをつくったのです。

結界《けっかい》

結界は、氣をコントロールして生まれる。

結界とは、元々は仏教用語です。
悪影響を与えるような悪い氣を受けないよう、俗なる世界から身を守るためにつくられた聖域のことを表しています。

結界は、氣でつくることができます。
氣をコントロールすることで聖域をつくり、結界を成立させているのです。
お寺や神社の境内には、さまざまな方法でつくられた結界が存在します。
特に、神社で行われる神事《しんじ》の際には、この結界が用いられています。

神社仏閣《じんじゃぶっかく》

神社仏閣は、氣を活用するための場所である。

日本には、たくさんの神社仏閣があります。創建《そうけん》当時のまま残っているものは少ないです。建物の老朽化《ろうきゅうか》や火災、災害や戦争などで、創建当時のまま残っているものは少ないですが、その様子を確認すると、元々は氣を活用するための場所としてつくられていることがわかります。創建の理由はさまざまですが、氣を身近に感じることができていた先人たちが残してくれた日本人の財産です。ただ、注意が必要なのは、必ずしも本殿や本堂に氣が流れているわけではないということ。創建当時、氣の流れに沿ってつくられたものであっても、さまざまな事情からその仕掛けが崩れており、基本に忠実な形で今も残っている神社仏閣は、ほんの一握りです。

街

繁栄している街は、
自然の氣が上手に流れている。

氣は、山から流れてきます。

その氣を活用し、上手に氣を流す役割を果たしているのが神社仏閣です。

山から流れてくる氣を、神社仏閣の仕掛けによって流れをコントロールし、その氣を受け取っているのが街です。上手に氣を受けている街は、昔からずっと繁栄しているはずです。

特に、富士山のある静岡県・山梨県には、富士山から流れてくる強い氣を活用し、昔から繁栄している街が多く存在しています。また、街が繁栄することで、自然や歴史ある神社仏閣が守られ、それぞれが共存できるバランスの良い環境を実現しているのです。

出生地《しゅっせいち》

出生地に感謝し、自らの氣を高める。

自分が生まれた土地のことを、「出生地」といいます。

出生地は、自分が生まれたことを感謝できる場所です。

感謝することは、良い氣を引き寄せてくれるので、出生地にある神社仏閣を参拝するのもお勧めです。

また、自分が生まれた場所には、必ず何か人生のヒントとなることがあるはずです。その土地に思い入れがなかったとしても、必ず潜在意識の中に存在しているからです。

方《ほう》位《い》

方位にある氣の特性は、20年に一度変化する。

世界には、東・西・南・北という方位があり、特に日本人は方位を重んじる傾向があります。

氣は、方位によって変化し、その特性を理解したうえで活用しなければ意味がありません。

また、氣の流れは20年に一度変化します。

氣がある場所に行かなければ意味がないので、氣の流れと変化をしっかりと理解することが大事です。

住居《じゅうきょ》

住居の氣は、家の中心によって決まる。

家を建てるとき、土地がある場所や方位を氣にする方が多いでしょう。しかし、どんなに良い場所に家を建てても、そのつくりが間違っていれば氣は巡りません。

例えば、真ん中が吹き抜けで空洞になっている家、建物の中心が階段になっている家、真ん中に中庭がある家は、家の中心がない状態になります。そのため、住んでいる人のバランスを崩してしまうので注意が必要です。

氣が巡っていない部屋は、空氣が澱《よど》んでいるのを感じるはずです。もし、そのような感覚を持ったなら、風水や氣学を活用して部屋の氣を高めることも可能です。

お墓

お墓は、氣を遮断してしまうこともある。

大きくて立派なお墓をつくろうとする人がいますが、そのような家は2代目以降が続かなくなります。お墓は、お参りしやすい場所で、身の丈に合ったものを用意するくらいがちょうどいいでしょう。

墓地がある場所によっては、地中を流れている氣を遮断してしまうことがあります。

ご先祖様を供養することは、とても大切なことです。しかし、お墓への理解が間違っていると、間違ったお墓の使い方をしてしまうかもしれないので注意しましょう。

神棚《かみだな》

神棚を祀《まつ》りたいなら、
自分のパターンをつくること。

神棚という文化は昔からありますが、最近になって家やオフィスに神棚をつくる人が増えているようです。自分のライフスペースの氣を高めたい、パワースポットをつくりたいという人が増えているのかもしれません。

その神棚が心の拠り所として機能し、毎日お参りできるのであれば、意味あるものといえます。しかし、ただ形だけをつくり放っておくのであれば、ないほうが良いといえます。

コラム①
弘法大師・空海　氣の達人の研ぎ澄まされた深さ

氣を理解し、氣を活用することで本当のパワースポットが生まれる。

氣を活用し、日本の地にさまざまなパワースポットを誕生させた人物がいます。
それは、日本に密教を伝えた弘法大師《こうぼうたいし》・空海《くうかい》です。

空海は、10代の頃から四国で山岳《さんがく》修行を行い、そのコースは今も「四国八十八カ所《しこくはちじゅうはちかしょ》」の遍路《へんろ》コースとして残っています。その後、20代で遣唐使《けんとうし》の一員に抜擢され、師となる恵果《けいか》和尚と出会い、密教のすべてを伝授されます。20年の予定だった留学を、わずか2年で終了。その後、日本に戻って密教を広めていくのです。

空海は多才で、土木技術や建築にも精通していたと伝えられています。特に、土木技術において有名なのは、空海の故郷である香川県にある満濃池《まんのういけ》。日本最大級のため池で、大雨が降るたびに決壊《けっかい》して大きな被害を与えていましたが、この池の治水《ちすい》工事に関わったのが空海でした。空海は、アーチ構造の堤防を導入し、その画期的なアイデアと技術の功績は今も残っています。

また、空海は氣のある場所を探しては、たくさんの人たちが氣を得られる場所をつくっています。また、氣について勉強し、氣のないところにもパワースポットをつくることができたのです。

その一つとして、私がよく参拝しているのが、日光にある滝尾《たきのお》神社《じんじゃ》です。この神社は、空海が創建した神社という言い伝えがあり、空海が神体山《しんたいさん》である女峰山《にょほうさん》に御祭神である田《た》心姫命《ごりひめのみこと》を降臨《こうりん》させたといわれています。女神を降臨させたというのは、女峰山の氣を、空海のやり方で滝尾神社まで運び、その地にパワースポットをつくってしまったということです。

現在も、空海が創建の由来になっているような神社仏閣が数多く残っています。空海は、835年に高野山にて入滅《にゅうめつ》しました。自らが即身仏《そくしんぶつ》となり、今も高野山で生き続けているといわれています。そのときから、1200年近く経った今も、空海の功績は形となって残っているのです。それは、空海が氣の達人であったことを証明するものであり、それらの土地に足を運ぶと、空海の研ぎ澄まされた深みを感じることができます。

第4章

神社仏閣で氣を感じる

御祭神《ごさいじん》

基本は、「我が心中《しんじゅう》に神氣《しんき》あり」。

神社では、いろいろな御祭神が祀られています。

よく、「神社に、神様はいるんですか」と聞かれますが、私は神社の神様も人間がつくったものだと思っています。

私の考える、「我が心中に神氣あり」という言葉は、神様は自分の中にいるという考え方です。

私は、神様の名前で参拝する神社を決めるのではなく、良い氣のある場所に参拝してほしいと思っています。そのような場所に行けば、自分の中の神様が出てきてくれるという感覚を大事にしてください。神社の神殿には鏡がありますが、そこに映るのは自分です。神社は、自分自身の中にいる神様と向き合う機会を与えてくれる場所です。

お守り

お守りは、その大半が効果のないもの。

神社仏閣では、いろいろなお守りが用意されています。

しかし、私はその大半が効果のないものだと考えています。

お守りとは本来、神主《かんぬし》が一人ひとりに書いて与えたものでした。それにより、授けられた人の意識改革を促進することにこそ意味があるのです。しかし、今は大量生産されています。そのようなお守りを手に入れても、その人にとって本当に必要なお守りにはならないと思っています。そのお守りをいただくよりも、その分のお金をお賽銭《さいせん》として使ったほうが有効です。

もちろん、中には例外もあります。自分に必要なお守りを選別するためにも、日頃から氣を感じる力を育てることが重要です。

ご利益《りやく》

ご利益は、
現実化を加速させるアンテナのようなもの。

神社仏閣では、祀られている神様によって、いろいろなご利益を授かることができるといわれています。しかし、ご利益で参拝する神社仏閣を決めるのではなく、参拝したところでご利益を意識することで、潜在意識の中にある思いを呼び起こすことができるのです。

例えば、金運のご利益をいただける神社で参拝したら、お金がたくさん入ってくるような氣がして、これまで以上に仕事を頑張れるかもしれません。また、学問の神様である菅《すが》原道真《わらみちざね》公に子どもの学力向上のご利益を意識して参拝すれば、子どもは自分のために祈る親の姿から何かを感じ取り、立派に成長してくれるはずです。

ご利益があることで、イメージする力と思いを強くしてくれるので、遠くの有名な神社に一度だけ参拝するより、近所の神社に何度も参拝するほうが願いは届きやすいかもしれません。

お賽銭《さいせん》

神様に、お賽銭の金額は関係ない。

神社仏閣を参拝する際に、賽銭箱《さいせんばこ》にお賽銭を入れます。いろいろな考え方があるようですが、私はお賽銭の金額は関係ないと思っています。

ただし、お賽銭は１円、５円、10円ではなく、最低でも50円以上は入れるようにしています。それは、金額の大きさではなく、氣持ちの問題だと思っているからです。

また、混雑時などにお賽銭を投げる人がいますが、できれば賽銭箱の前まで行ってからお賽銭を入れ、心を落ち着けてから参拝しましょう。

線香《せんこう》と蠟燭《ろうそく》

線香や蠟燭は、氣を増幅させる道具。

お寺に行くと、線香や蠟燭が置かれていることがあります。線香や蠟燭は、呼び出す手段の一つ。もし、仏像に氣が宿っているとすれば、線香を焚《た》いて煙を出し、「今からお参りしますよ」という合図を送ります。

お寺によっては本堂の中で、ご本尊《ほんぞん》から発せられている氣とその場所を流れている自然の氣が存在する場所があります。線香はご本尊である仏様の氣を増幅させ、蠟燭は自然に流れている氣を増幅させます。少し真ん中から外れた場所を流れていることも多く、氣の流れの中に線香や蠟燭を立てる台を設置しているお寺は、氣のことを理解しているといえます。線香や蠟燭に火をつけ、狼煙《のろし》を上げて合図し、そこを流れている氣をいただきますと宣言します。

豪華な建築物が並ぶお寺も多いですが、立派な構えをしているかどうかよりも、氣を理解し、氣を増幅させる仕掛けができているかのほうが重要です。

氏神《うじがみ》

氏神神社は、氣があるかどうかは別問題である。

「氏神」とは、自分が住んでいる地域を守っている神社に祀られている神様です。出生地にある神社の神様と勘違いする方もいらっしゃるようですが、出生地にある神社は産土神《うぶすな》社です。

氏神様を祀る氏神神社は、ぜひ参拝してください。

いろいろな神社仏閣がありますが、まずは氏神神社に参拝しましょう。そこは、自分が生きている場所のテリトリーです。

氏神神社に関しては、氣があるかないかは考える必要はありません。良い氣がもらえる神社かどうかは別問題だからです。氏神様に感謝して参拝することで、自分の氣を高めることに集中しましょう。

神道《しんとう》と仏教

神社もお寺も、中心には人がいる。

お寺と神社が一緒になっている場所があります。これらは、かつて神仏習合《しんぶつしゅうごう》という考え方があり、その名残です。

祀られている神様・仏様を、「同一神」という形でまとめられていることがありますが、私はどちらでも問題ないと思っています。神様でも仏様でも、いただける氣は同じです。

神道であっても仏教であっても、両方とも中心に入っているのは人です。

神道と仏教でお参りの方法は違いますが、神社仏閣は近隣の人たちに元氣になってもらいたい、その土地を治めている一族の繁栄を願いたいなど、人が誰かのことを思ってつくられた場所であり、すべては人がやっていることです。一つの土地に、神社とお寺の両方が存在しても、先人たちの想いに感謝し、どちらも大切にすればいいのです。

祝詞《のりと》

本物の祝詞は、結界が生まれる。

神社で神事を行うとき、神主さんは祝詞を奏上《そうじょう》します。

そのとき、氣を理解し、しっかりと修行をしてきた力のある神主さんが祝詞を上げれば、空間の中に結界が生まれます。結界をつくるのは、その中で浄化を行い、氣を整えるためです。

結界の中にいると、風を感じるというよりは、下から上がってくるような氣の流れを感じることが多いです。もし、何も感じられないようであれば、その神社の神主さんは、氣をコントロールできないということです。逆に、氣を感じることができれば、その神社の神主さんは実力があるということでしょう。

神殿の中で神事が行われている場合は、神殿の中だけを結界にすることもあるので、外からは氣を感じることができないかもしれません。神主さんが祝詞を上げているときの波動は、お寺でお坊さんがお経を唱えているときの波動に似ています。

鳥居《とりい》

鳥居から本殿までの距離や角度で氣を高める。

鳥居は、聖域への入り口であり、聖域と区別することで人間との隔たりをつくっています。

鳥居をくぐる前とくぐった後にOリングをしてテストしてみてください。氣のある神社であれば、氣の違いを感じられるはずです。

鳥居から本殿までの距離が長いのは、その神社の崇高さを高めています。

中には、鳥居の角度がずれている神社もあります。鳥居をずらして未完成の状態をキープすることで、たくさんの人に参拝してもらう仕掛けをつくっているのです。角度を使って氣をコントロールし、本来あるべき氣の力を弱めているので、そのような神社には氣がありません。「人氣のある神社」が「氣のある神社」とは限らないのです。

蟷螂《とうろう》・狛犬《こまいぬ》

左右のバランスによって、
気の流れを整えている。

神社仏閣の入り口には、蟷螂や狛犬が建っています。

左右にある蟷螂がバランスをとり、横に流れていく氣を調整して、正しく境内へと氣を送ってくれているのです。

蟷螂は、小さいものでいいので、偶数で左右に均等に置きます。時々、ご自宅の庭に蟷螂を1本だけ、もしくは片方だけ大きな蟷螂を置いていることがありますが、これはあまりお勧めできません。

狛犬も同じで、2体が左右対称に置かれ、「阿吽《あうん》の呼吸」でバランスをとっています。時々、左右によって狛犬が1体多く置かれているところもありますが、それは氣が強すぎるため、狛犬を余計に1体置くことで氣の強さを調整しています。つまり、狛犬を置くことで、氣の引き算をすることもできるのです。

邪氣《じゃき》

良い氣があれば、必ず邪氣も存在する。

神社仏閣には、良い氣を生み出し、その氣を上手にコントロールする仕掛けがつくられています。しかし、忘れてはいけないのは、良い氣がある場所には悪い氣も存在するということ。良い氣がある場所には、必ず悪い氣が集まる場所がつくられていて、陰と陽のバランスを保っています。

境内の中に、不自然に置かれて囲われているような石があれば、それは悪い氣を掃き出す仕掛けの可能性が高いです。そこから出ているような悪い氣を「邪氣」といいます。結界をつくった際に祓《はら》われた邪氣が、その掃き出し口から一氣に出てくるので、できるだけ近づかないようにしてください。

能舞台《のうぶたい》

能舞台が、強すぎる氣を抑えてくれている。

天岩戸《あまのいわと》伝説にもあるように、元々芸事は神様を呼ぶための儀式でした。
そして、日本で最も古い伝統芸能であるお能も、神様に降りてきていただくための儀式から生まれたものです。そのため、神社仏閣には能舞台が設置され、今も境内でお能の奉納が行われています。

しかし、境内にある能舞台は、もう一つ大切な役割を担っています。それは、強すぎる氣が街にそのまま流れていかないように調整する役割です。街に、あまりに強い氣が流れてしまうと、その街は繁栄しなくなります。そのために、氣の流れを弱めるために、本殿の前に能舞台が建てられているところが多いですが、氣の流れによっては少しずれた場所に建てられていることもあります。

能舞台の下の地下には、氣をコントロールするための石が埋められています。能舞台でせき止められた氣は能舞台に留まり、そこで神様のための芸事を行うのです。

龍

龍は、「氣」そのものである。

神の遣《つか》いとして表現される龍は、実際に存在する動物ではありません。

龍は、氣です。

氣の流れを感じて「龍がいる」と表現する人もいます。雲の形が龍に見えるときもありますが、形よりもそこに氣を感じられるかどうかのほうが重要なのです。ただし、龍の形をした雲が、どちらを向いているかで氣の良し悪しを判断できます。右を向いているときはマイナス、左を向いているときはプラスのエネルギーを感じることができます。そのような雲を見つけたときは、それを見ている人の意識や感覚と合っているということなので、自分の状態を知るヒントにもなるでしょう。

神社仏閣では、この法則をうまく活用しています。境内に、龍の絵が描かれていたり、龍の彫刻を見つけたりしたときは、その向きに注目してください。龍に限らず、どっちの方向を向いているかは、とても重要なポイントです。

稲荷《いなり》

稲荷信仰は、継続する心が重要になる。

龍と同じく、神の遣いとして祀られているのが稲荷神《いなりしん》です。稲荷神を狐《きつね》だと思っている方も多いようですが、稲荷神は農耕を司《つかさど》る豊穣《ほうじょう》の神様であり、狐はその稲荷神の遣いとされています。さらに、「ちゃんと祀らなければ祟《たた》りが起こる」など、いろいろな噂《うわさ》があるようですが、元々はその土地を守ってくれていた神様なので、感謝を忘れてはいけません。

稲荷神を祀っていたという家や神社仏閣も多く、ちゃんと祀らない状態のまま放置しているところもあるようです。稲荷神を信仰するのであれば、ちゃんと継続しなければいけません。「稲荷神社を片づけたい」という相談を受けることがありますが、ほとんどの場合は、管理できない、祟りが怖いという理由です。その場合、ちゃんとした方法で片づけないといけないので、間違っても自分で処分しようとは思わないことです。私は、稲荷神は自然の氣というよりも、人間が生み出した意志に近いと思っています。稲荷神を祀っていたことで、必ず何か良いことが起こっているはずなので、まずはそのことに感謝するべきだと思います。それでも信仰をやめたいという氣分になったのであれば、その人自身の氣が落ちていることがほとんどです。

参拝時間

夜の神社仏閣には、氣は存在しない。

神社仏閣への参拝時間は、日の出を迎えた朝から日が落ちる夕方までに行うのがベストです。

夜の神社仏閣には、氣はありません。逆に、悪い氣が流れていることもあるので、注意が必要です。最近では、春や秋に桜や紅葉を楽しめるライトアップをしている場所も増えていますが、悪い氣が流れている場所があるというリスクも理解しておきましょう。

それでも、美しい風景を楽しみたいのであれば、境内の中でも悪い氣が集まる場所には近づかないこと。そのためにも、日頃から氣を感じる力を鍛える訓練をしておきましょう。

コラム②

安倍晴明　龍脈を活用した京都

京都には、氣を活用し、京都の治安《ちあん》を護《まも》っていた官職《かんしょく》が存在しました。その人たちは、陰陽道という学問に基づいたさまざまな呪術《じゅじゅつ》を使い、「陰陽師《おんみょうじ》」と呼ばれていました。陰陽師は、専門知識と技術を使う、今でいう「技術職」として考えられていました。それだけ、古代の日本では氣が日常的に活用されていたのです。

陰陽師の中で最も有名なのが、安倍晴明《あべのせいめい》です。

陰陽師の拠点である陰陽寮を統括し、その技術もトップクラスだとされていました。その証拠に、今でも安倍晴明に関する数々の逸話が残っていて、不思議な力を持つ安倍晴明の母は狐だという言い伝えもあるほどです。なぜ、そのような逸話が今に残るようになったのか。実は、安倍晴明が陰陽師になったのは、40代後半になってから。それまでは、ほとんど記録が残っておらず、いろいろな逸話が誕生するのも納得できます。安倍晴明は、40代になるまで天体を学び、天体観測をしている学生だったそうです。

安倍晴明が登場するまで、陰陽師の役割を担っていたのが、京都の賀茂氏でした。安倍晴明も賀茂氏から陰陽道を学びますが、陰陽師として活動するようになってから頭角を現します。京都の疫病《えきびょう》、災難を防ぐなど、数々の活躍によって天皇家をはじめ藤原氏など貴族からも頼られる存在となっていきました。

そんな安倍晴明が活用したのが、京都の大地の下を通る龍脈でした。龍脈から出る氣を探し、それらをもっと活用できる方法を次々と見つけていったのです。それは、40代まで学生として学び続け、知識を得ることに貪欲だった安倍晴明だからできたのかもしれません。

私も、氣を入れたいときに、京都の龍脈を活用しています。２０１９年から京都龍脈ツアーを実施していますが、これまでもたくさんの方をご案内し、良い氣を受け取ることができたと好評です。京都龍脈ツアーでは、安倍晴明を祀る晴明神社からスタートし、貴船神社、龍安寺、天龍寺、妙心寺、相国寺、神泉苑、泉湧寺、東福寺を回ります。これは、一つの大きな龍の頭から尾までを順番に巡り、その中でもピンスポットに氣が出ている場所を指南し、氣をチャージする旅です。機会があれば、皆さんもぜひ参加してみてください。

第5章

氣との向き合い方

運命

運命は、変えられる。

人は宿命を持って、この世に生まれてきます。
宿命を変えることはできませんが、運命は変えることができます。

宿命は、この世に生まれ変わる際に決めてくる運。
運命は、この世で人と巡り合う運のことです。

自分の運命を変えたいなら、良い氣を受け取り、その氣をコントロールすることで、潜在意識の扉を開くこと。自分も氣づけていない潜在意識を覚醒《かくせい》させることで、あなたの運命をどんどん切り拓いていけるのです。

人間関係

人間関係は、
この世での大切な修行の一つである。

氣は、人から生まれるものです。

つまり、人間関係がどう進んでいくかで、自分の氣も変化していきます。

人間関係は、ストレスを感じるような悪い氣を受けやすく、嫌だと思う人に出会ったら、相手を拒絶したいという思いが生まれます。

しかし、そのような人に出会ったときこそがチャンスです。

自分が不快に思うその人の、氣を感じ取ってみてください。そして、その感覚を情報として自分にインプットするのです。そうすることで、人間関係において選別能力が高まり、良い氣のサイクルを生み出します。

子育て

親子であっても、バランスのとれた関係を。

距離の近い家族との関係は、人間関係の中でも難しい課題となるでしょう。特に、親と子は依存しやすい関係であるため、氣のバランスが崩れやすくなってしまいます。今、家に引きこもってしまう中年が増え、社会問題になっているようですが、これは親と子のバランスが保たれていないことから生じています。

親が子どもに愛情を与えることは、悪いことではありません。しかし、過剰に愛を注ぎ、一人では何もできない人に育ててしまっては、子育ての意味がありません。

子育てとは、子どもを社会に巣立たせるための準備です。子どもは、社会で生きる親の姿を見て、社会を学びます。まずは、子どもを信じること。そして、経験する機会を与えることで、子どもは社会での対応力を身につけていくのです。

常識

氣を活用したいなら、常識にとらわれないこと。

どんなに良い氣を入れても、それを活用できなければ意味がありません。
氣を活用したいのであれば、まずは常識を捨ててみましょう。

常識は、社会を楽に生きていくためのツールです。
社会の秩序を乱さないための大切な基準となりますが、常識があるうちは、第三者が考えた基準から自分を解放することができません。

氣を活用したいなら、とにかく考えること。そして、行動すること。
常識であろうが非常識であろうが、自分が正しいと思ったら全力で挑んでください。

アナログ

デジタルの世界で勝つには、
アナログの強さを知る。

テクノロジーが進化し、ＡＩの活用など、デジタル社会の発展が話題になっています。

人手不足が深刻化することによって、テクノロジーの社会進出が進み、私たちの仕事がオート化されていくことは必至です。

私たちが忘れてはいけないのは、テクノロジーが進化し、デジタル社会になった背景には、アナログの世界で尽力してきた人たちの努力があったことです。実際、アナログな方法で集めたビッグデータがなければ、ＡＩの活用は実現できなかったかもしれません。

デジタル社会で勝ちたいなら、今こそアナログな勉強法に注目してください。それが、氣を感じる力を養う訓練である「轡頭」です。

アナログの強さを知っていれば、どんな技術改革が起ころうとも、負けることはないのです。

ゼロスタート

ゼロからスタートできる人は、
行動することを恐れない。

行動できない理由は、失敗を恐れているからです。そして、失敗することを恐れているのは、失敗してすべてを失い、ゼロの状態になることへの不安です。

もし、すべてを失ったとしても、またゼロからスタートすればいいのです。

人間は、誰もがゼロからスタートして、今の状況を築き上げてきました。逆に、ゼロスタートできることを忘れた人は、いつまで経っても良い結果は出せないでしょう。

失敗しても、ゼロスタートできるのだと自信を持ってください。そのために、良い氣を体と心にいっぱい取り込んでください。行動することを恐れない人は、たとえ失敗しても、その経験から学び、必ず成功へとつなげていくことができるのです。

文化・文明

現代に残っている文化・文明には、
学ぶべき要素がある。

地球が誕生してから、世界でさまざまな文明が起こりました。

例えば、エジプト文明の象徴というべきピラミッドは有名で、パワースポットとして訪れる人もいるようです。しかし、私はピラミッドの氣はさほど強くはないと思っています。氣が全然ないわけではありませんが、自然の中で氣が湧き上がっている場所と比べると、氣は断然弱いです。

古代遺跡や文明の跡地は観光スポットとしても人氣ですが、それらの文明はすでに終わったものです。やはり、生きているもののほうが、氣は強いのです。

今も残る伝統文化も同じです。華道や茶道、お能や文楽などは、先人たちの継承によって現代でも生きています。これらの文化が今も愛されているのは、その中で生まれる強い氣が今も必要なものであると、私たちは潜在意識で認めているからです。

情報

情報は、選別する必要がある。

インターネットの普及により、毎日膨大な量の情報が入ってくるようになりました。

情報にも氣があり、氣は情報と一緒に地球上を駆け巡っています。

勉強すれば、情報は必ず入ってきます。中には、悪い氣となって入ってくる情報もありますが、知らない情報も容赦《ようしゃ》なく入ってくる時代です。そのため、一度入った情報を、いかに流せるかが重要で、できるだけ氣を自分の中に溜めこみ過ぎないようにしてください。

悪い氣を流すためには、新しい良質の氣をどんどん入れること。そのために、考えたり行動することで、体の中にある氣を使いましょう。そして、受け取った情報に宿る氣が必要かどうか、選別する力を持つことです。選別するためには、確固たる判断基準が必要で、あなたの心の軸が試されます。自分の軸さえしっかりしていれば、必要でないものは自然に離れていくでしょう。

一流

一流になりたいなら、
一流にも三流にも触れること。

一流を目指すなら、一流とは何かを知るべきです。

一流を知りたいなら、一流に触れる機会を増やしましょう。一流の人に会う、一流の場所に行く、一流のレストランで食事をするなど、経験の一つひとつが一流の氣とはどんなものかを教えてくれます。

そして、一流の感覚を摑んだら、次は三流についても知る努力をしましょう。

三流の氣を感じることは、自分が一流になるための反面教師を迎え入れるということです。一流を理解していれば、三流に流されることはありません。あなたを教育してくれる存在に感謝できるようになるはずです。

勝《か》ち癖《ぐせ》

小さくても、勝ち続ける癖を付ける。

どんな小さな勝負でも、勝利を手にしたときには、良い氣が発生します。その氣を感じながら、勝つことの喜びを知りましょう。

大きく勝つ必要はありません。大きな利益を得ようと思えば、欲が出て失敗してしまいます。大きな賭けに出てしまい、勝負で負けてしまうようなことがあれば、バランスは一氣に崩れます。

得られる利益にこだわるのではなく、無理をしない程度にできる勝負を重ねてください。そして、小さくても勝ち続ける癖を付けていきましょう。仮に失敗したとしても、すぐにバランスを整え、立ち直ることができる。それくらいの勝負を、たくさん経験してください。

勝ち癖を付けて、負けない自分をつくることは、氣を上手にコントロールできている証拠です。

お金

お金も、「氣」そのものである。

お金は、氣です。そのため、氣を循環させていかなければ、お金は入ってきません。

良い氣の使い方ができる人のところに氣は集まり、お金も同じです。お金にとらわれて、ケチになってしまっては、お金が逃げてしまいます。だからといって散財して、貧困になってしまっては困りますが、自分のできる範囲でやれることをすればいいのです。

富裕層《ふゆうそう》は、１円や10円でも大切にします。これは、ケチになっているからではありません。たった１円でも、１０００万人から集めれば１０００万円になります。お金を持っている人は、１円の価値を知っているのです。

そして、利益が出た場合は、無理がない程度に還元しましょう。特に、ビジネスで利益を得たなら、一人で取り込んでしまうのではなく、みんなで良い氣を分け合い、喜び合うことで、さらにお金は増えていきます。

人のために使えることがあれば、ぜひやってみてください。

第6章

氣を活用して経済に勝つ

財布

お金が入ってくる財布には、
常にお金が入っている。

「金運がアップする財布」などもあるようですが、私は財布そのものにこだわりません。よく、「どのような財布がいいのか」という質問を受けますが、色も形も材質も、その人のライフスタイルに合ったものを使えばいいと思っています。そのほうが愛着が生まれ、財布を大事にするでしょう。

財布にお金が入ってくるようにしたいのであれば、お財布の中にお金を入れておくことです。氣であるお金と共鳴し、お金はさらに財布にやってきます。いつも自分が入れている金額より少し多めに、最低でも財布を購入した金額よりも多めに入れておきましょう。

最近は、キャッシュレス化が進み、必要最低限のお金しか入れていない人もいるようです。しかし、財布の中にお金が入っていなければ、お金は入ってきません。

喜捨《きしゃ》

利益の10％以上は、喜んで捨てること。

お金は氣であり、良い使い方をすることで、必ず自分の元に戻ってきます。

利益が出たら、その利益の10％以上は「喜捨」するようにしてください。

喜捨とは、喜んで捨てるということ。

喜捨は、お金の氣をコントロールするための基本となります。

多額の寄付をする必要はありません。一人では使いきれないお金があれば、誰かのために喜んで使わせていただきましょう。そこで使ったお金が、大きな富の種となってくれるのです。

契約

風水氣学を取り入れ、契約を有利に進める。

コンプライアンスが重視され、ビジネスで契約書を取り交わす機会が昔より増えたと感じています。

契約を有利に進めたいのであれば、氣をコントロールすることで運に後押ししてもらいましょう。契約は、ビジネスをスムーズに進めるための形をつくる作業です。風水氣学を取り入れることで、氣の流れに乗るのです。

例えば、契約書を交わすときは、自分の運や氣の流れを知り、祐氣方位で署名・捺印を行います。また、方位だけでなく、契約に最適な日時を調べたり、契約に必要な印鑑を見直すなど、いろいろな方法があります。

ただし、契約で失敗しないためには、何より先にあなた自身が契約の内容を充分に確認することが大前提です。

仕事

仕事の概念が崩れ、働き方に変化が起こる。

日本では、昔に比べていろいろな働き方ができるようになりました。
正社員の数が減り、就業時間を自分で自由に決めて働けるフレックスタイム制や、在宅で仕事ができるリモートワークも普及しています。また、副業や兼業を認める企業も増え、今後も企業は新たな働き方の提案をしてくるかもしれません。今、これまで当たり前だった仕事の概念が、一氣に崩れていくのを実感しています。

サラリーマンが24時間働いていたのは過去の話となり、今はバランスよく働き、しっかり稼ぐことが求められる時代へと変化しています。報酬の額だけでなく、仕事へのやりがいや生活との両立が重要視され、余裕を持って働ける環境を求める人が、今後も増えていくでしょう。しかし、環境ばかり求めてしまい、知識や技術が伴わなくなったとき、仕事を失う可能性も否定できません。

そうならないためにも、日頃から氣づかないような部分に氣づく訓練をしておきましょう。その力が、あなたの仕事を支えてくれるはずです。

人材

人材は、企業の財産である。

企業によっては、人材のことを「人財」と表現するところがあります。人材は、企業にとって財産であるという意味ですが、実際に企業はどこまで人材に利益を還元できているのでしょうか。

企業の最大の課題は、人材採用と人材育成です。最近では、会社の忘年会や新年会に出席しない若手社員が増えているようです。それは単なる我儘《わがまま》ではなく、飲みに行く時間があれば、ほかのことに使いたいという社員の本音なのかもしれません。そんな社員のニーズに、経営者が氣づけるかどうかが重要なのです。もし、飲み会の代金を経費で処理している経営者の方がいるなら、今後はそのお金を少しでも報酬として社員に還元してください。そして、報酬だけでなく、社員に学べる機会を与えましょう。研修を受けさせてマニュアルに従って働く社員を育てるのではなく、社員が経験できるフィールドを与えて成長を促すこと。それが、これからの人材育成なのかもしれません。

社員がイキイキと働ける環境には、必ず良い氣が生まれるはずです。

職業

未来に生き残れる職業は、限られている。

今後、10人に1人しか働けなくなる時代が来るといわれています。それは、ＡＩの進化によって、人間の仕事がロボットに奪われてしまうというのです。しかし、その原因はテクノロジーの進化だけではなく、人間の慢心による影響も大きいと思います。

今、どんなことでもビジネスになる、便利な時代です。

ここ数年だけでも、いろいろなビジネスが生まれ、新たな職業が誕生しています。しかし、その中から未来に生き残れる職業は、ほんの一握りだといわれています。

日本は少子高齢化が進み、社会で起こっている問題がどんどん浮彫《うきぼり》になっています。そこに、国や行政が多額の予算を使って職業を支援し、その支援に期待して職に就く人、開業する人が増えているのも事実です。今は問題なくても、楽をしてスタートしたビジネスは、いつかバランスを崩します。今のあなたの職業を、未来に残せるかどうか。今、人間は感覚とセンスが試されているのかもしれません。

経済

氣の流れを摑んでおけば、リスクは回避できる。

経済状況を知りたいなら、氣を感じる力を活用してください。氣の流れを摑んでおけば、これからどんなに厳しい状況が訪れようとも、リスクを回避するための行動ができるはずです。

リスクを回避するためには、先を見る力を養うこと。私は、リーマンショックが起ることを事前に察知し、1ヵ月前にすべての証券を現金化していました。氣の流れを勉強するようになってから、そのような経験を何度もしてきているのです。この世は、所詮は人間がつくったものです。そして、人間は氣を生み出しています。そのことが理解できていれば、勝負に負けることはなくなるのです。

2020年以降、日本に集まっていた氣が一氣になくなっていくのではと、海外の投資家たちは警戒しています。実際は、日本のメディアで報道されているような状況ではありません。私の本業は、投資家たちのコンサルタントです。仕事を通して経済の動きを読み、そこで発生する氣の流れを感じながら、ここまで勝ち続けることができたのです。

政治

お金を活用できない政府は危険である。

経済状況が変化する中で、政府はさまざまな経済政策を行ってきました。しかし、どれも決定打とはならず、今も曖昧な状況のまま進んでいるような状態です。日本の財政が良くならないのは、政治家がお金を有効に使う方法を知らないからです。良いお金の使い方ができていないので、氣の流れに乗れず、お金は出ていくばかり。今、日本の政治を動かす官僚のレベルが、昔に比べて落ちていると感じています。かつて日本には、伝説となるような豪快な政治家の人たちがたくさんいて、日本の経済を動かしていました。その時代は、経済が成長するような良い氣が流れていたのです。しかし、今問題にするべきなのは、そこではありません。

今、最も問題にするべきなのは、私たち国民が国家予算の無駄遣いに氣づいていないということです。そして、私たちのお金が無駄に使われていることを、もっと怒らなければいけません。メディアが報道する情報に洗脳されないよう、何が正しくて、何が間違っているのかを、自分で考えて判断できなければ、このまま日本は財政破綻を招いてしまうかもしれません。ここでも、氣づく力が必要になるのです。氣を感じる力を育てる訓練は、経済や政治について正しく理解する訓練にもなるのです。

コラム③
天海　江戸幕府の繁栄の仕掛け

日本で最も長く政権が続いたのは江戸時代です。
江戸幕府の初代将軍である徳川家康《とくがわいえやす》は、風水を活用することで200年以上続く徳川幕府を築き上げたのです。

そして、徳川家康の側近として風水を活用し、江戸の設計を行ったといわれているのが天台宗の僧・天海《てんかい》です。天海は、謎の多い人物で、家康公から三代将軍・家光公まで仕えていたといわれていますが、年齢で計算すると考えにくい部分もあり、もしかしたら弟子の活躍も天海の逸話として残っているのではないかという説もあるほどです。

しかし、天海が行った江戸の設計を風水的に見てみると、一つだけ確信できることがあります。それは、天海が弘法大師・空海を尊敬し、その影響を大きく受けていたことです。

天海は、風水の理論を使い、江戸に氣を流すための道をつくりました。そこで、大きな役割を果たしたのが、空海が氣を使ってパワースポットをつくった栃木県の日光です。

家康公は、自分が亡くなったら、自分の体を久能山東照宮《くのうさんとうしょうぐう》に納めるようにと指示していています。そして、一周忌の法要が終わったら、日光にその亡骸《なきがら》を移すようにと指示していました。これは、家康公を薬師如来と同一だとする東照大権現《とうしょうだいごんげん》として祀ることで、北の護りを固めるためのものだったのでしょう。日光東照宮《にっこうとうしょうぐう》は、最初は家康公の遺言に従って、小さくて質素なものでした。しかし、家光公により、現在の豪華絢爛《ごうかけんらん》なものへとつくり替えられました。これは、江戸幕府の求心力を高めるものだと思われていますが、氣をコントロールすることで、人が集まる仕掛けをつくったのだと、私は考えています。

また、家光公は自分の墓を輪王寺《りんのうじ》大猷院《たいゆういん》につくっています。そうすることで、さらに日光を流れる氣の質を高め、江戸へと送ったのでしょう。実際、北極星の位置から日光東照宮を線で結ぶと、その延長線上に江戸城が建てられていることがわかります。そして、日光東照宮から家康公が最期の時を迎えた駿府城《すんぷじょう》までを直線で結ぶと、その間には富士山があります。これは、安倍晴明が用いていた陰陽道の考え方であり、天海はこれらの方法を使って、江戸幕府が繁栄し、その栄華が長く続くようにと仕掛けをつくったのです。

また、天海は空海が創建した滝尾神社にも、ある仕掛けをつくっています。滝尾神社の境内には3本の杉の木があり、「滝尾三本杉」と呼ばれています。この3本の木は、ある人物を象徴しているといわれています。1本は徳川家康、1本は家康公が恐れていた豊臣《とよとみ》秀吉《ひでよし》、1本は家康公が尊敬していた源《みなもとの》頼朝《よりとも》です。天海は、この3本の木を立てることで滝尾神社の氣をコントロールし、良い氣が流れるルートをつくったのです。

第7章

氣学の考え方

陰陽《いんよう》

世の中は、陰と陽のバランスで成り立っている。

この世のすべての物事は、陰と陽で形成されています。

陰と陽は、相互対立的な属性を持った２つの氣であり、このバランスによって世の中は成り立っています。

陽はプラスのエネルギー、陰はマイナスのエネルギーを持っていて、お互いが特有のリズムを持っています。このリズムが氣となって、プラスとマイナスのエネルギーを発しているのです。

太極《たいきょく》

太極は、根源であり唯一無二《ゆいいつむに》の存在である。

陰と陽が分かれる以前の根源を「太極」と呼び、太極は唯一無二の根源的存在であるという考え方です。

この太極に、音の氣が入ることで、それぞれのリズムを持った陰と陽が生まれます。

白と黒の勾玉《まがたま》を重ねたような「太極図」は、陰陽道のシンボルにもなっています。陰と陽が分かれる前の姿で、白が陽、黒が陰を表し、この図が右回りに回り陽が増えたり減ったりすることで、氣が変化していく様子を表しています。

太極図

三才《さんさい》

この世は、
「天」「地」「人」という
3つの要素で形成されている。

古代中国の思想の一つとして、この世は天・地・人という3つの要素の関係で成り立っているという考え方があります。これを三才といいます。

天・地・人は、それぞれに完結した世界観を持ちながら、力を合わせることで相乗効果《そうじょうこうか》を発揮するといわれています。

天地人が持つそれぞれの世界とは、「天の時」「地の利」「人の和」で表現されます。私は、時は「時とタイミング」、利は「位と立場」、和は「能力」を表していると考えています。

1つの太極があり、2つの陰陽がバランスをとり、3つの三才が加わることで中和という形が生まれます。

四象《ししょう》

陰陽の組み合わせによって、四季が生まれる。

陰と陽は、氣のリズムを奏《かな》でながら組み合わさり、また新たな陰陽を生み出します。新たな陰陽が生まれることで、4つの元素が新たな形をつくります。これを四象といいます。

4つの元素の呼び方は、易では「老陽《ろうよう》」「老陰《ろういん》」「少陰《しょういん》」「少陽《しょうよう》」とされていますが、陰陽論では「太陽《たいよう》」「太陰《たいいん》」「少陰」「少陽」と表現されます。易では、ここからさらに分かれて八掛《はっか》が生まれます。

四象が形になることで、四季が生まれます。

2つの陽と2つの陰。そして、中心には三才による中和が位置することで、1つの四季が生まれるという考え方です。陽は春夏、陰は秋冬となりますが、近年四季の氣温に変化が起こっているのは、これらの氣が乱れていることが原因かもしれません。

五行《ごぎょう》

五行とは、「木」「火」「土」「金」「水」。

五行とは、古代の中国で生まれた自然哲学・自然哲学思想に基づく概念です。

五行は、木《もく》（生長）、火《か》（燃焼）、土《ど》（交差、変化、基盤）、金《きん》（疑縮）、水《すい》（流動）の5元素で成立しています。

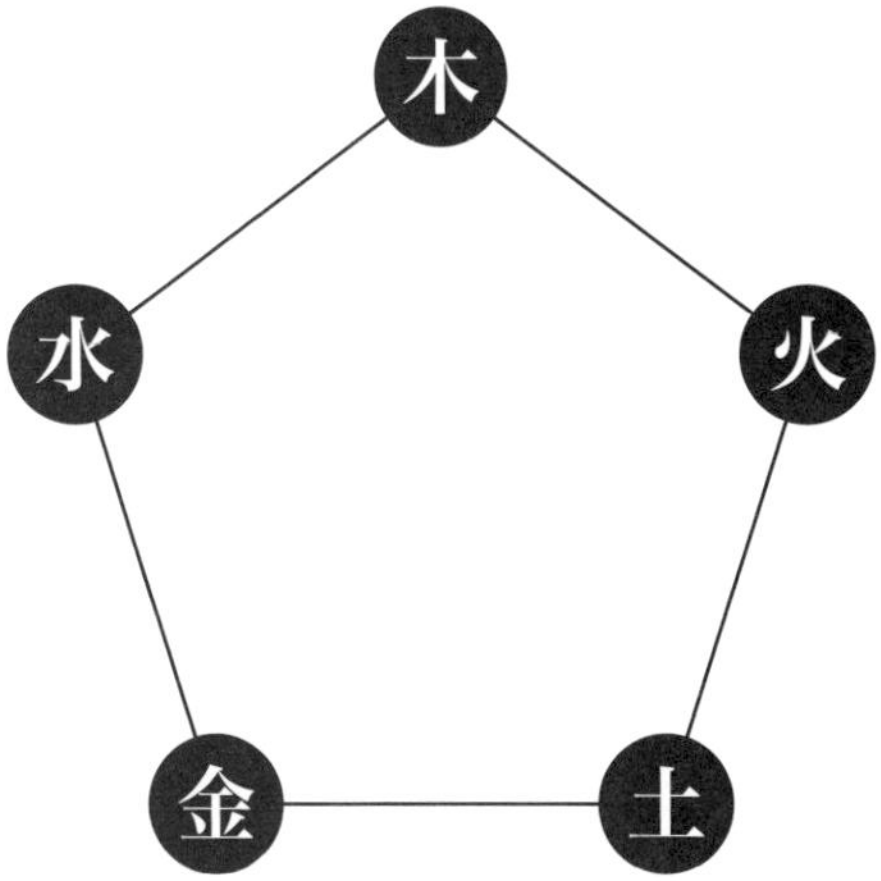

五行

九氣《きゅうき》

「氣」は、9つに分けて考えられる。

私は、９つに分けた「氣」の特性から、運や氣の流れを読んでいきます。

◆一白水氣

水、北、冬を表す。

水は、山頂の一滴から山へ流れて支流《しりゅう》が集まり、大河となり海へ流れることから、動きのあることを意味する。液体、氣体、固体と変態することから、状況に応じた変化ができる。生物を助けるものとして、自己犠牲の意も。交わる、陥《おちい》る。

◆二黒土氣

土、西南、挽夏、初秋を表す。

土は、生物の育成、腐敗土化の働きがある。あらゆるものを育てる大地には報酬がないので、奉仕、無償の愛を意味する。尽くす。

◆三碧木氣

木、東、春を表す。

木は、成長していくものとして、発展を意味する。東は朝日がのぼり、隠れていた太陽が見えるようになることから、顕現化《けんげんか》を表す。また、長男的な役割を持つことから、皇室では天皇の後継は東宮と呼ばれる。音、進む。

◆四緑木氣

緑、東南、晩春、初夏を表す。

緑は、社会の接点、往来、転じて風を意味する。運命の原点は、誰と出会ったかで決まる。整う、長引く。

◆五黄土氣

原野、不毛地、荒涼、中央を表す。

土は、エネルギーが強いので、生成育化ではなく不滅土化である。すべてが土に吸収され、上に接触すると腐る。腐敗。

◆六白金氣

金、西北、晩秋、初冬を表す。

金は、地中にある生氣旺盛の金氣、円、球形、自然神、天性、支配者を意味する。天にあっては太陽、神にあっては太陽神、地にあっては生氣旺盛の金氣。完全、球。

◆七赤金氣
金、西、秋を表す。

経済を意味する。悦び。

◆八白土氣
土、東北、晩冬、初春を表す。

変化、継ぎ目、止（エネルギーの蓄積）、節目。

◆九紫火氣
火、南、夏を表す。

燃える、熱い、輝く、明智、離合（陽の終わり、陰のはじまり）、南は皇帝を意味する。

色

五行には、それぞれの色がある。

九氣には、色が一字入っています。これは、五行である木火土金水に色があるからです。木は緑（青）、火は赤、土は黄、金は白、水は紫（黒）で表されています。

緑・赤・黄・白・紫の組み合わせは、神社やお寺で見かける「五色幕」や「五色絹」と同じです。これらは、魔除けや縁起物として使われていることが多く、色に宿る氣を活用しているのです。

色にも、氣が宿っています。ラッキーカラーを身につけるという考え方もありますが、それぞれの色が持つ氣を感じ取って、自分に合ったもの、その時や場所に適したものを身につけるといいかもしれません。例えば、私は、神社に行くときは赤やオレンジを身につけることが多いです。また、私の経験上から言わせていただくと、ダイレクトメールは緑色の封筒を使うと開封率が高いということがわかっています。緑は自然の氣を持つ色なので、もしかしたら警戒心を和らげてくれているのかもしれません。このように、色とうまく付き合っていくことで、氣をコントロールすることもできるのです。

相性

相性は、五行の循環によって生まれる。

五行を使えば、相性がわかります。五行の相性は、木↓火↓土↓金↓水の順序で循環していきます。木火土金水を一周すると、その後もグルグルと回っています。

木は火を生じ　木が燃えると火が出る
火は土を生じ　火の燃えた後に灰が残る
土は金を生じ　鉱物は土の中から産出する
金は水を生じ　鉱物から地下水が出る
水は木を生じ　水分により植物が育つ

これが、相性です。逆に、お互いを壊し合う関係を「相剋《そうこく》」といいます。

人間関係は、すべて相性で判断できません。相性が良ければ、すべてがいいというわけではないからです。例えば、五黄土氣の人同士で鑑定すれば、運勢は同じだから相性は良いはずです。しかし、これは良いときも悪いときも一緒だということです。場合によっては、相反する者同士のほうが、切磋琢磨し合える関係になる可能性が高くなります。

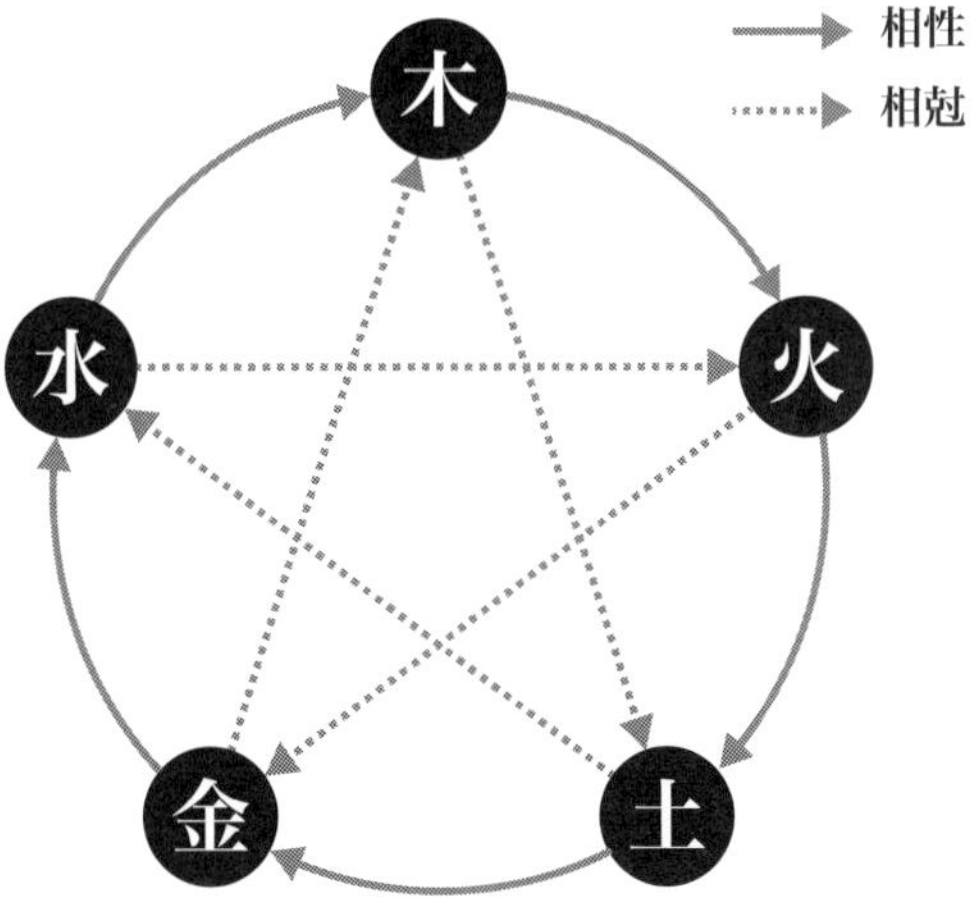

天縁《てんえん》

天縁とは、
自分の裏側にある自分のことである。

人には持って生まれた性格や運があります。

人生を豊かなものにしたいのであれば、まずは己《おのれ》を知ること。そして、自分のすべてを認めることが大切です。しかし、どんなに自分のことを理解したつもりでも、自分ではなかなか氣づくことのできない部分があります。自分が認識していなかった意外な一面に振り回された結果、せっかく順調に進んでいた人生の歯車が狂ってしまうこともあるのです。

自分の裏側にある、もう一つの自分の性格・運のことを「天縁」といいます。

天縁は、九氣や五行のように生年月日から鑑定することができます。しかし、それは自分でも受け入れがたいほど意外な性格であることが多く、そこをいかに受け止められるかが、人生で失敗しないための秘策になります。

四神《しじん》

四神は、東西南北を守護する氣である。

風水には、「四神」という考え方があります。四神は、方位や土地のことを知るために、必ず押さえておかなければいけません。実際に、四神が守護する「四神相応の地」につくられた神社仏閣はたくさんあります。先人たちが、氣を感じ、それらを活用しながら自分たちが住む場所を護ってきたことが窺《うかが》えます。

四神とは、朱雀《すざく》・青龍《せいりゅう》・白虎《びゃっこ》・玄武《げんぶ》であり、それぞれの方角を司る霊獣として表現されています。


守護する方角は、朱雀は南（夏）、青龍は東（春）、白虎は西（秋）、玄武は北（冬）。

朱雀は鳳凰で、再生・良縁・美のエネルギー。火（赤）の性質を持つ。

青龍は龍で、開運・発展・富のエネルギー。木（青）の性質を持つ。

白虎は虎で、変化・豊穣・権威のエネルギー。金（白）の性質を持つ。

玄武は亀と蛇で、安定・愛情・健康のエネルギー。水（黒）の性質を持つ。

風水では、玄武（北）から氣が流れ、青龍（東）と白虎（西）が氣のバランスを整え、朱雀（南）で氣は広がっていくと考えられています。

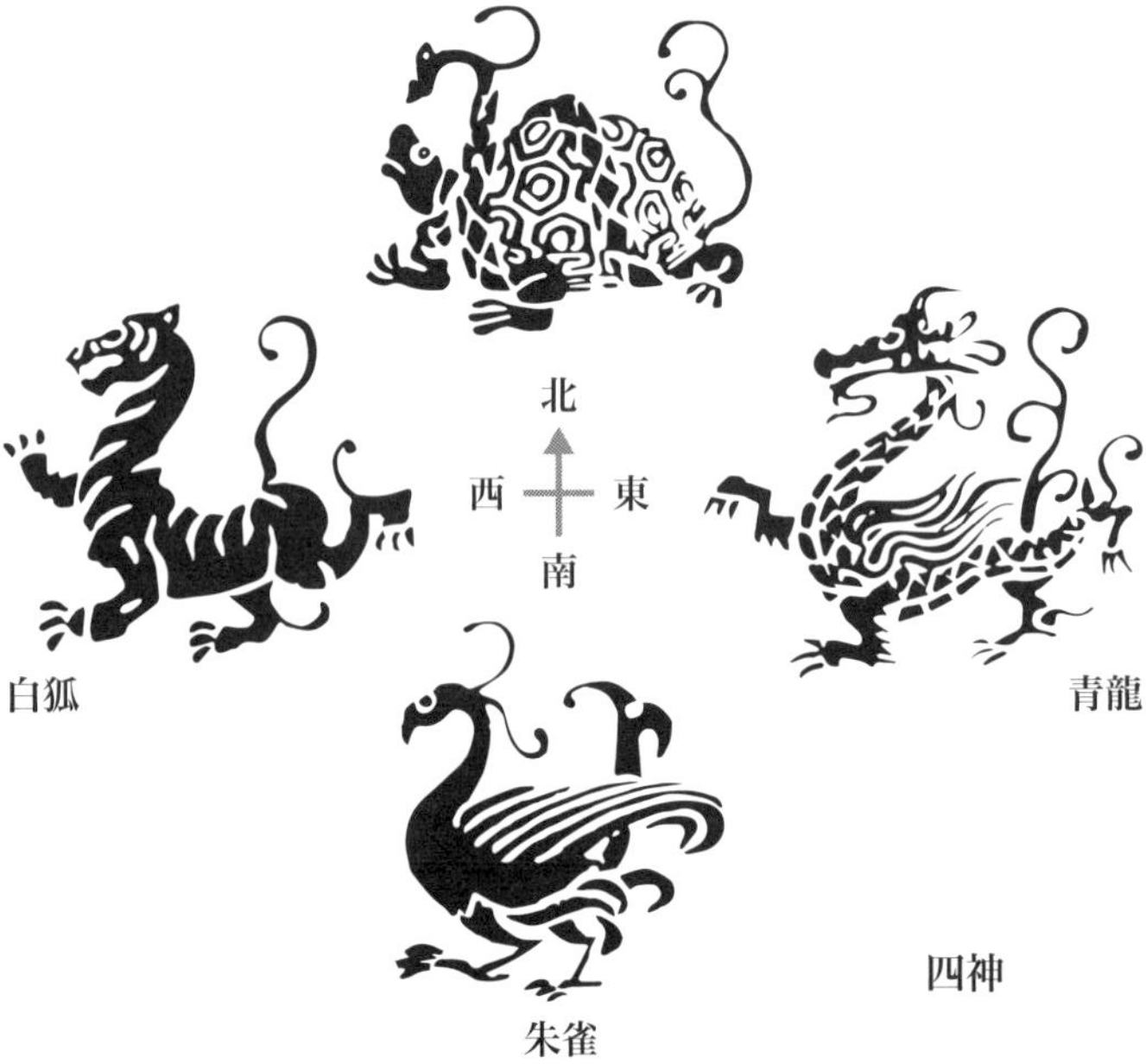

四神

第8章

風水について

龍脈《りゅうみゃく》

龍脈とは、
大地の下を流れている氣の道である。

龍は氣であり、大地の下には「龍脈」と呼ばれる氣が流れている道が存在しています。龍脈は、龍穴と龍穴をつなぎながら道をつくっています。この龍脈を上手に使うことで、氣をうまく取り入れることができます。

京都には大きな龍脈が流れていて、いろいろな場所から氣が噴き出しています。陰陽師で有名な安倍晴明も、この龍脈を活用していました。

龍脈と間違いやすいのが、水が湧き出て流れている水脈です。日本の家は、水を引いているので家の下に水脈があります。龍脈にも水脈にも氣はあり、昔はダウジングを使って水脈を探していたという話もあります。龍脈と水脈は間違えられやすいのですが、全然違います。水脈は、危険な場所になることもあります。例えば、水脈と水脈がクロスしているような場所の上に寝ると氣が乱れ、体の具合が悪くなってしまうことがあります。

日

大切な日は、
暦を使って太陽日《たいようび》・太陰日《たいいんび》を選ぶ。

１年は３６５日ありますが、日によって氣をうまく扱える日があります。それは、風水で吉日を割り出すのと同じで、私は暦から太陽日・太陰日を算出し、予定を決めています。

神社仏閣に参拝する日やパワースポットで氣をチャージしたい日は、太陽日・太陰日を活用します。そのほかにも、新規のスタートには、この日を活用することで良い結果が得られます。

音

音を使えば、開運も邪氣祓いもできる。

氣は、音にも宿ります。

音に宿る氣を活用することで、邪氣を祓えるだけでなく、幸運を引き寄せる開運アクションにもなります。

音を使い、氣をコントロールするような仕掛けは、さまざまな神社仏閣で見ることができます。

神社では、鈴の音、参拝での柏手、祝詞。

お寺では、木魚、お経、天井に描かれた龍の鳴き声のように聞こえる「鳴き龍」も、音を使った邪氣祓いの一つです。

私は、音を使ったお守りとして「音霊《おとだま》」を使っています。中に入れた水晶のチップが弾ける音は、邪氣祓いはもちろん、良い氣を引き寄せてくれます。

形

五芒星《ごぼうせい》は、人間が共鳴しやすい形である。

形にも氣が宿り、その形によってさまざまな氣を発しています。
形の中でも、安倍晴明を祀る晴明神社の社紋にもなっている「五芒星」は、人間と共鳴しやすい形で、私たちの身を護ってくれるお守りとしては最適です。

安倍晴明は、平安時代に活躍した陰陽師。陰陽寮で働く役人です。下級貴族である彼が、どうしてここまで歴史に名を残すことができたのか。それは、安倍晴明がコンサルタントとして、さらにはカウンセラーとして活躍した功績が偉大だったからです。

人から信頼されるためには、不可能だと思えることを簡単に処理してみせる力が必要で、そのための道具として、安倍晴明は剣、呪文、呪符等を使用していました。そして、五芒星は剣の原型でもあり、安倍晴明がよく活用していた形です。先述した「音霊」は、五角形の形の中に五芒星が描かれています。五角形は、五行を象徴する形でもあります。そして、五角形の一つの内角は、108度。108とは、煩悩の数を表す数字であり、それを囲う五角形の二辺を延長すると不動明王が持つ破邪の剣の角度と同じです。音霊の中には、太極八掛図が描かれた金紙、五行を象徴する五粒の水晶が入っています。

表には黒、裏には赤の五芒星が描かれていて、黒は氣を入れるときに、赤は氣を祓うときに使います。5本の指を、五角形の各辺に当てて振れば、さらに効果がアップします。振り方は、黒の五芒星で氣を入れるときは、右回りに五角形のへりをなぞり、赤の五芒星で氣を祓うときは、五芒星を描くように、どちらも音を鳴らしながら動かしていきます。

音霊

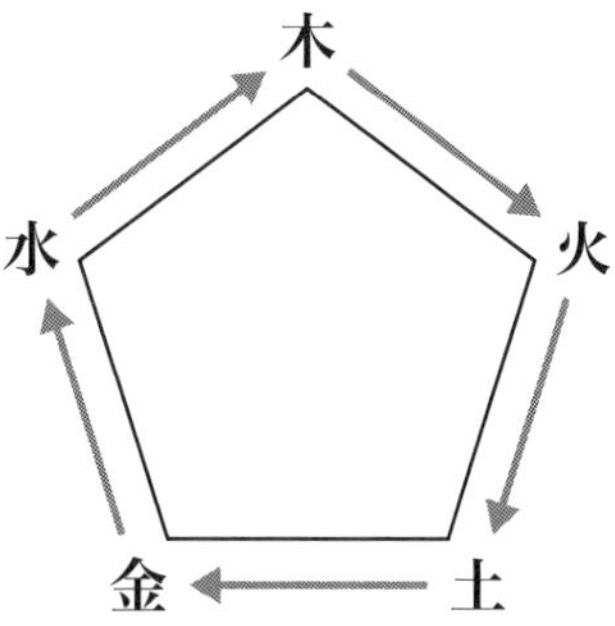

黒の五芒星で氣を入れる

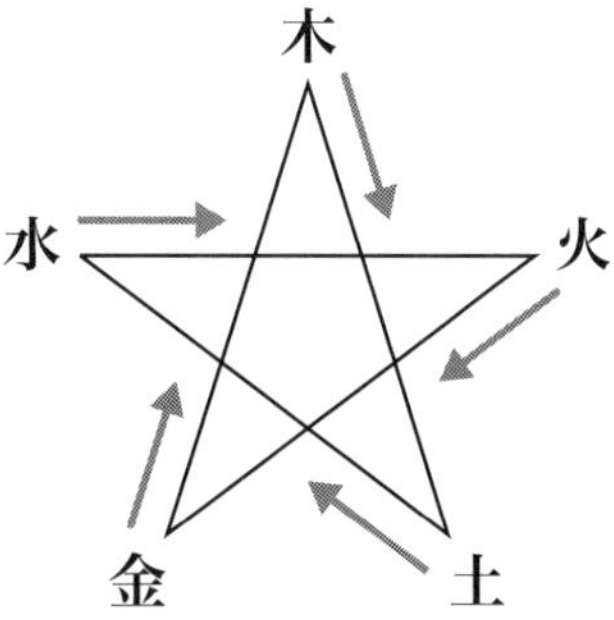

赤の五芒星で氣を祓う

音と形に宿る氣を活用した「音霊」は、きっと安倍晴明ならこうつくっただろうというものに仕上げています。私が一つひとつ手でつくり、できあがったら私が所有している山のパワースポットに一定期間置き、氣を入れています。

音霊は、仏像の前で、パワースポットで、空氣の良いところで使えば、氣をチャージすることができます。しかし、これらの道具は、それを扱う人の氣の量によって差ができることも覚えておいてください。

数字

数字を使って氣を集め、
氣の流れをつくることもできる。

風水では、数字を使うこともあります。

数字に宿る氣の力はそれぞれですが、特に氣を集めることができる1・3・6・8を使います。

1・3・6・8の数字は氣を集め、さらに氣の流れをつくることができます。

氣を集められるということは、人も集められるということです。また、数字を使えば人の氣を吸い取ることもできてしまうので、使い方には注意が必要です。


「音霊」には、それを持つ人の数字を書き入れます。

書き入れる数字は、「本命」「月命」「天縁」の数字です。これは、人によって違うので、生年月日から出します。この数字を入れることで、音霊はその人だけのお守りになります。

数字を入れた段階で、ほかの誰にも触らせてはいけません。


また、9は最大の数字であり、氣を持つ数字です。

例えば、二等辺三角形。3本の辺のうち、長さが等しい2本の辺があり、その2辺とつながる底辺があります。その底辺にある両端の内角を底角といい、同じ角度を持つのが特徴です。この二等辺三角形の内角となる2つの角は、すべて9という字に関係があります。例えば、頂点の内角が18度だった場合、1＋8＝9。その場合、残りの底角は81度ずつになるので、8＋1＝9となります。ほかにも、頂点の角が108度であれば、1＋0＋8＝9、底角は36度なので、3＋6＝9。煩悩の数である108も、足せば9になります。

先人たちは、このように9の数字をいろいろな場所で活用してきました。わかりやすいのは、神社仏閣です。神社仏閣は総本社や総本山と呼ばれる信仰の中心を頂点とし、底角の場所に分社や分院を置くことで二等辺三角形をつくりながら拡大していきました。現在は、開発や工事、災害などの関係から位置が微妙にずれてしまっている場所もありますが、昔から9の数字を活用することで、それぞれが信仰を広げていったことが窺えます。

第８章　風水について

煞《さつ》

尖っている鋭角が向けられている
土地・建物は凶相である。

「煞」とは、やめる、終わるなどの意味があり、あまり良い意味で使われる言葉ではありません。「煞」は、「殺」の字と同じです。

風水でも、「煞」は凶相であると考えられており、特に建物や土地の良し悪しを鑑定するときに使います。「煞」が確認できた建物や土地は、氣が崩れたり乱れたりするからです。

「丁字煞」は、川や道が建物に対して真っすぐに向かっていること。
「鎌刃煞」は、川や道が鎌のように反った外側のこと。
「尖角煞」は、鋭角が向けられている状態のこと。

特に、不動産を選ぶ際に周辺の建物の角が向けられているような「尖角煞」の建物は、氣が遮断されてしまうので避けるべきです。

おわりに
「氣」と「エネルギー」の、違いとは何か

本書を書くにあたり、一つの大きなテーマが生まれました。

「氣」と「エネルギー」は何が違うのか。

目に見えない「氣」と「エネルギー」を、言葉で説明しようと思っても難しいものです。しかし、「氣」と「エネルギー」という言葉が使われることが多くなり、それをビジネスにしようと考える人も増えています。そのことを、本当の意味で理解できている人であれば、問題ないと思います。しかし、間違った概念のまま「氣」や「エネルギー」という言葉が使われるようになったならば、私はこれほどもったいないことはないと思っています。

「氣」と「エネルギー」は何が違うのか。

もし、私がこの質問をされたならば、氣とエネルギーは同じものだと答えます。
しかし、氣をどう使うかによって、氣が与える力はプラスにもマイナスにもなります。例えば、山の氣が川を流れて広がっていくとします。その川を流れる水がどのようなものかによって、山から流れる氣は変化します。地球の恵みでもある氣は、何に宿るかによって、その性質を変える。それが、もしかしたらエネルギーという言葉になるのかもしれません。

ただ、そう言い切ってしまうのも難しいものです。それだけ、氣とは奥深く、ずっと研究してきた私でも、すべてを理解しているわけではないと思っています。

書籍の出版を考え、氣巡りツアーやセミナーの開催を検討するようになったのは、自分自身がもっと氣に関する学びを深めたい、一緒に学べる仲間が欲しいと考えたからです。

私は、神社仏閣やさまざまなビジネスシーンで氣を活用し、実際に結果を出してきました。これまでの学びを、今後はすべて皆様にお伝えしていきたいと、実践から学ぶ「巒頭」、理論を学ぶ「理氣」の場を設ける決意をしました。氣を活用する人が増えたなら、きっといろいろな力を持つ氣が生まれ、それらが化学反応を起こすことで奇跡が起これば、氣に関する学びはどんどん深まっていくでしょう。氣を上手に活用するための基本は、いかに人や社会に貢献できるかだと思っています。氣の学問を通して、一人でも多くの方に、そのことを実感していただけたらと思っています。

最後に、本書を制作するにあたり、私はこの本を「音霊」と同じようなお守りにできないかと考えました。そこで表紙と扉に音霊と同じ「五角形」と「五芒星」を入れ、最後に「陰陽」「四神」の図を入れ、氣を込めました。音霊は、持つ人を守るために、その人の「本命」「月命」「天縁」の数字と、私の数字を入れて完成させます。もし、私と直接お会いする機会がある方は、この本を持って声をかけてください。扉に数字を入れ、あなたのお守りを完成させたいと思っています。一人でも多くの方が、10年後も勝ち抜ける力を身につけられることを願っています。

２０２０年4月　豊田　温資

この本を出版するにあたり
30年以上にわたり風水についてご指導いただいた
日本易道学校の前校長・岸本先生に心より感謝の意を申し上げます。

豊田温資　とよだ あつし
1952年（昭和27年）東京都中野区出身。

日本大学 芸術学部 文芸学科卒業。在学中より俳優、レーサーとして活動する。

投資に関わる仕事を生業とし、資金を運用することで数々の企業の支援・再生に関わる。師と共に学んだ「風水氣学」の手法と、経験から得た膨大な量の各データを独自の観点から分析し、自らの経験をも取り入れた会社経営全般にわたるコンサルティング業務も行っている。また、氣への学びを深めながら独自の呼吸法を用いた外氣療法を編み出し、著名人をはじめ多くの方々の治療（ガン治療、甲状腺治療etc.）も行っている。

2018年から開催している「ヒカルランド　神社☆氣巡り超パワースポットツアー」や「脳功コンサル」が好評で、2019年からは「風水氣学勉強会」も開催している。

氣の教科書

10年後も勝ち抜くために

第一刷　2020年4月15日

著者　豊田温資

発行人　石井健資
発行所　株式会社ヒカルランド
〒162-0821 東京都新宿区津久戸町3-11 TH1ビル6F
電話 03-6265-0852　ファックス 03-6265-0853
http://www.hikaruland.co.jp　info@hikaruland.co.jp
振替 00180-8-496587
本文・カバー・製本 中央精版印刷株式会社
DTP 株式会社キャップス
編集担当 西脇 聖

ISBN978-4-86471-860-8

玄武

十	火	大
木	人	光
小	水	一

白狐

青龍

朱雀